Dieter von Dietersdorf, Christian August Vulpius

Das rote Käppchen

Komische Operette in 2 Aufzügen

Dieter von Dietersdorf, Christian August Vulpius

Das rote Käppchen
Komische Operette in 2 Aufzügen

ISBN/EAN: 9783743428195

Hergestellt in Europa, USA, Kanada, Australien, Japan

Cover: Foto ©Thomas Meinert / pixelio.de

Manufactured and distributed by brebook publishing software (www.brebook.com)

Dieter von Dietersdorf, Christian August Vulpius

Das rote Käppchen

Das rothe Käppchen.

Eine
komische Operette in zwei
Aufzügen.

Die Musik ist von Herrn Dieter von Dietersdorf.

Aufgeführt zum erstenmal den 7. Junius 1791.
auf dem Hoftheater zu Weimar.

Weimar 1792.
in der Hoffmannischen Buchhandlung.

Vorrede.

Das Original dieser Operette, welches man als Manuskript mit der Partitur erhält, mag wohl allein die guten Bühnen von der Aufführung derselben bisher abgeschreckt haben. Das war auch der Fall bei uns, und daher entstand diese neue Bearbeitung, deren günstige Aufnahme gar nicht zweifelhaft geblieben ist. Die angenehme Musik dieser Operette verdiente alleine schon eine Umänderung des Textes, und die Bekanntmachung desselben führt ihre Entschuldigung unverkennlich eben deshalb bei sich. Von den Schwierigkeiten, die bei einer solchen Bearbeitung zu bekämpfen sind, können nur diejenigen urtheilen, welche es selbst

Vorrede.

selbst versucht haben, einer schon fertigen Musik neuen Text unterzulegen; und diejenigen, welche mit all den Hindernißen und Beschwerlichkeiten dieser Art nicht bekannt sind, mögen sich ja nicht an einige Härten in den Gesängen, an Reime und Ausdrücke stoßen, denn sie waren der Kompofition wegen unvermeidlich.

Perso-

Personen.

Emmrich von Landau, ein invalider Husaren-Rittmeister.

Lina, seine Nichte.

Lieutenant von Felsenberg, Kommendant eines Grenz-Kordons.

Sander, Kastellan des herrschaftlichen Schlosses.

Mariane, seine Frau.

Hans Christoph Nitsche, Schulze des Dorfs.

Hedwig, seine Frau; Sanders Schwester.

Ein Korporal.

Ein Gefreyter.

Ein Bauer.

Soldaten. Rekruten. Bauern.

Erster Aufzug.

(Freier Dorfplatz. — Auf der einen Seite das herrschaftliche Schloß, auf der andern, die Wohnung des Schulzens. — Im Hintergrunde, ein Ziehbrunnen, mit einem Eimer.)

(Abend.)

Erster Auftritt.

Hedwig, (sitzt vor der Hausthür und näht.) Mariane, (sitzt mit dem Strickstrumpfe neben ihr.) Hans, (mit Hut und Stock, geht verdrüßlich auf und ab.) Sander, (kömmt nachher mit Huth und Stock vom Felde.)

Quartett.

Hedwig. O wie sehr ist ein Weib zu bedauren,
wenn der Mann sie mit Eifersucht plagt.
O wie muß sie ihr Leben vertrauren,
wenn er Freuden und Lust ihr versagt!

Maria=

Mariane. Ja es pflegt wohl nicht anders zu gehen,
wenn ein Mann sich im Alter beweibt;
und so haben die Banden der Ehen,
oft schon Männern und Weibern gereut.

Hans. O ich ließ mich zur Unzeit verleiten
ihr zu geben den Ring und die Hand.
Ja, ich will es, ich will, es zerschneiden,
und zerreißen das leidige Band.

Hedwig. O ich sollt ihn, ich sollt' ihn nicht nehmen!

Mar. Ach mein Liebchen, du mußt dich bequemen.

Hedw. u. Mar. Und so haben die Banden der Ehen,
oft schon Männern und Weibern gereut.

Hans. Fort nur fort! komm nicht wieder heraus,
denn die Weiber gehören ins Haus.

Hedw. Nein ich bleibe! da steh ich und bleibe,
daß ich Grillen und Schmerzen vertreibe.

Hans. O ich weiß es! mit zärtlichen Blicken,
läßt sich dieser und jener berücken.

Hedw. (erst allein   O wer kann es, wer kann es ertragen!
Mar.   dann   O so höret und lasset euch sagen!
Hans.   zusammen.)   Und ihr meinet, ich werde noch fragen?
                         Liebes Liebchen nur immer hinein!

Sander. (kömmt) Was ist das? welch ein Lärmen!
wie wenn die Bienen schwärmen!
was giebt es hier für Zwist?
sagt mir doch was es ist?

Hans. O, hör er lieber Schwager,
vor allen Dingen sag Er,
wie soll mir das gefallen?
vor allen und mit allen

sucht

sucht sich mein liebes Weib
im Freien Zeitvertreib.

Sander. In freier Luft zu bleiben
die Zeit sich zu vertreiben,
laß er es nur geschehen,
es wird nicht übel gehen.
Ein kleiner Zeitvertreib
ermuntert jedes Weib.

Hans. Er sollte das errathen,
was sich von selbst versteht.
Es kommen die Soldaten,
da sizt sie hier und näht.

Hedw. Wie wird es mir ergehn,
es ist nicht auszustehn!

Mar. Bist du ein braver Mann,
nimm dich der Schwester an.

Sander. Herr Schwager kurz und gut,
was er der Schwester thut,
das alles thut er mir.

Hans. Herr Schwager laß ers seyn,
misch er sich nicht darein,
sonst hat er Lärm mit mir.

Mar. Ein unglückseelig Weib!
Nein, nein, es ist ohnmöglich,
sie dauert mich so sehr,
es ist mir unerträglich,
das Leiden anzusehn!

Sander. Bring er mich nicht in Wuth,
sonst fließt gewiß noch Blut.

Hans. Mich schreckt kein eitles Droh'n
Ich laufe nicht davon.

Sander.

Sander. Ich bin hier Kastellan
und hab ihm zu befehlen;
er ist ein grober Mann,
und quält umsonst sein Weib.
Hans. Grob hin, grob her, grob hin!
er soll mir nichts befehlen,
er schweige lieber still,
und werde Herr im Haus.
Mar. Das kannst du ruhig hören?
Wie sehr misfällst du mir!
du sollst die Grobheit wehren,
Denn das geschieht auch Dir.
Sander. Ja wohl, er ist ein Groblan!
Hans. Das sieht mir nur der Schwager an.
Sander. So borstig wie ein Igel!
Hans. Beseh er sich im Spiegel.
Sander. Ich laß ihn arretiren!
Hans. Sich zu prostituiren?
Hedw. Frau Schwägerin was hilft mir das,
wenn wir uns hier entzweien?
Sander. Silentium!
Ich rath euch allen still zu seyn,
und wohl euch zu bedenken.

Alle. { La borla borla borla bo! *)
wie wirbelt es in meinem Kopf!
La borla borla borla bo!
so poltern Erbsen in dem Topf
wenn er am Feuer steht!

(Zu Ende des Quartetts stellt sich Hedwig
ohnmächtig.)

Maria,

*) Dergleichen Stellen sind Eigenheiten des Komponisten, die nicht zu vertilgen sind, wenn der Bearbei-

Mariane. Ach um des Himmelswillen! (läuft zu ihr) Frau Schwägerin!
Sander. (zu Hans) Da sieht er die Früchte seiner schönen Aufführung.
Mar. So helft doch! — Frau Schwägerin! — (sucht in der Tasche) Wenn ich nur mein Balsambüchschen bey mir hätte! das könnte sie wieder zu sich bringen.
Hans. Schwefel thuts auch!
Mar. Pfui! über einen solchen Mann!

Zweyter Auftritt.

Vorige. Felsenberg.

Felsenberg. Was giebts da?
Hans. (mit bäuerischer Laune.) Eine Ohnmacht.
Mar. Sehn Sie nur, Herr Lieutenant —!
Felsenberg. Das arme Kind! (nimmt seinen Flakon und besprengt sie) Kommen sie zu sich, schöne Schäferin.
Hans. (Sandern anstosend) Schäferin! Nun? Wie gefällt ihm das? (zu Felsenberg) Ich danke für die gnädige Sorgfalt.
Felsenb. (mit Hedwig beschäftigt) Es geschieht gern!

Hans

Bearbeiter nicht die ganze Musik umarbeiten will. Der Zuhörer hält sich in diesem Fall an die Musik, der Leser muß seine Imagination zu Hülfe nehmen.

Hans. So? — Hm! ja! ja! ich glaubs!
Hedwig. (kömmt zu sich) Sie —? Sie sind mein Retter?
Felsenb. O wie gern möchte ich es auf immer seyn!
Hedw. (Drückt ihm die Hand) Ich danke Ihnen — Ihre Güte —
Hans. Das gefällt mir nicht übel!
Mar. Liebster Herr Lieutenant!
Sander. (vor sich) Liebster?
Mar. Helfen Sie ihr auf, und —
Hedw. Bringen Sie mich fort von hier.

(Felsenberg und Mariane führen Hedwig in ihr Haus.)

Dritter Auftritt.

Hans. Sander.

Hans. Herr Schwager! angenehme Ruh.
Sander. Nun! wohin?
Hans. Ich soll gewiß den Herrn Lieutenant allein bey meiner Frau lassen? Das wär ja unhöflich.
Sander. Allein? — Meine Frau ist ja bei ihr. — Herr Schwager, er ist ein ganz guter Mann —
Hans. Bin ich?

Sander. Nur seine Eifersucht ist unerträglich. Damit macht er das Uebel nur immer schlimmer.

Hans. Mach ich?

Sander. Und zulezt entsteht wohl gar eine Melancholie daraus.

Hans. Wirklich?

Sander. Er muß besser von seiner Frau denken —

Hans. Muß ich? Wenn ich aber nun nicht will?

Sander. So ist er inkurabel!

Hans. Er wird mich ohnehin nicht kuriren.

Sander. Das merk' ich. Also, schlaf er wohl; ich muß zu meinen Gästen.

Hans. Gäste?

Sander. Vor ein paar Stunden kamen sie an, und baten sich Logis aus. — Ich machte keine Schwierigkeiten; denn, mein Gott! warum sollte ich sie nicht kontentiren? die Zimmer stehn ja leer.

Hans. Wer sind sie denn?

Sander. Ein alter Husaren Rittmeister und seine Nichte; ein Fräulein, Herr Schwager, ein Fräulein! so schön und so blühend, wie eine Hyazinte.

Hans. So?

San-

Sander. Ich dachte so bei mir: wer die einmal zur Frau bekömmt, der muß ein Leben wie im Paradiese mit ihr führen.

Hans. Was wollen sie denn hier?

Sander. Sie suchen etwas.

Hans. Geld?

Sander. Das haben sie selbst. Sie erkundigten sich genau nach dem Lieutenant Felsenberg. Da sagt' ich ihnen, daß er in dem Städtchen, einen Büchsenschuß von hier, bey dem Grenz Kordon liegt.

Hans. Vielleicht ist der alte Rittmeister Felsenbergs Vater. —

Sander. Möglich wär's!

Hans. Und mir, wär's lieb! vielleicht nimmt er ihn mit fort, und ich verliere nichts dabei.

Sander. Das läuft nun schon wieder auf Eifersucht hinaus. Mein Gott! wie kann Er nur so sonderbar denken?

Hans. Ich denke just so recht!

Sander. Nein sag ich ihm, er verbittert sich das Leben ohne Not.

Arie.

Ein eifersüchtger Mann,
hat weder Ruh noch Rast,
es flieht ihn jedermann,
er wird sich selbst zur Last.

Das nehm er sich zur Lehre
und werd Er einmal klug,
es bringt ihm wenig Ehre,
wohl aber Spott genug.

Und dann ereignet sich's wohl gar,
Daß da, wo nichts zu fürchten war,
zuletzt doch was zu fürchten ist.
Denn nichts geht über Weiberlist.

Das merk' er sich und denk' er dran
und ändr' Er was er ändern kann,
damit ihm das nicht wiederfährt,
was Mann und Frau zugleich entehrt.

(ab.)

Hans. Sag du, was du willst, Hans weiß auch, wo er zu Hause ist, und er wird sogleich den Herrn Lieutenant ersuchen, sich nicht ferner zu bemühen, und meine Frau mit seinen Visiten zu verschonen. Denn dabey kann nichts Gutes herauskommen, der Schwager mag sagen, was er will. (will in sein Hauß gehen.)

Vierter Auftritt.

Hans. Felsenberg. Mariane. (kommen ihm entgegen.)

Hans. Nun? Hat sie sich wieder erholt?
Mar. Ja! es ist ihr besser. Nun will sie ein wenig schlummern.

Felsenb.

Felsenb. Schicke er nur zu mir, wenn dem artigen Kinde wieder schlimm wird.

Hans. Kind? Sie ist kein Kind, sie ist meine Frau.

Felsenb. Seine Frau?

Hans. Meine Frau.

Felsenb. Ich dachte, sie wär seine Nichte?

Hans. Es ist meine Frau.

Felsenb. Oder seine Tochter?

Hans. Nein! meine Frau.

Felsenb. Oder seine Schwester?

Hans. Auch nicht! — meine Frau!

Felsenb. Ohne Spas?

Hans. Ohne Spas, meine Frau; im völligen Ernste, meine Frau.

Felsenb. Also Frau Schulzin?

Hans. Ja, Frau Schulzin. Und die Frau Schulzin ist weder meine Nichte, noch meine Schwester, noch meine Tochter, sondern meine Frau. Sehen Sie so ist es! — Haben Sie etwas dagegen?

Felsenb. Nichts! gar nichts! aber Schade ist's doch, daß ein so schönes, artiges, junges Weibchen, die Frau eines solchen alten, grämlichen Mannes ist. — Wahrhaftig, ich kann ihrer traurigen Lage mein Mitleid nicht versagen.

Arie.

Arie.

Mich dauert das Weibchen mit feurigem Blick,
so reizend, so zärtlich und schön. —
Verdiente die Gute kein besser Geschick?
Ist Schönheit des Weibes Vergehn? —
Gepaart mit dem Manne, so mürrisch und alt,
ach! Weibchen, wie dauerst du mich!
O! ende der Himmel dein Leiden doch bald!
Lieb Weibchen! ich leide für dich. —
Verbleicht nicht ihr Rosen der Wangen so eilig,
noch strahlen euch Blicke der Liebe so heilig,
noch lächeln euch Stunden voll Wonne und Glück,
Und führen entflohene Freuden zurück.
O! eilet ihr Stunden der Freude herbei,
Und machet das Weibchen bald glücklich und frei!

(ab.)

Fünfter Auftritt.

Hans. Mariane.

Hans. Was der Herr Lieutenant da alles her-
sagt! Es ist doch erschrecklich, wie sehr er
sich meiner Frau annimmt. Seine guten
Wünsche will ich ihm schenken, und wegen
meiner Frau, will ich ein anderes Mittel er-
greifen.

Mar. Gewiß wieder ein sehr albernes
Mittel!

Hans. Ich denke, es soll probat seyn.

Mar. Und das wäre?

Hans.

Hans. Ich werde ein großes Vorlegeschloß kaufen, und meine Frau mag dann sehen, wie sie aus dem Hause kömmt.

Mar. Seyd doch nicht so einfältig! Wenn Eure Frau Euch sonst betrügen will, so hilft das Vorlegeschloß (schnippt mit den Fingern) just so viel, wie nichts!

Hans. Das wäre!

Mar. Kein Mann in der Welt ist im Stande uns getreu zu machen, wenn wir nicht getreu seyn wollen. — Mein Mann sollte mir mit einem Vorlegeschlosse kommen! und wenn ich ihm noch so gut, noch so treu gewesen wäre, so wollte ich mir hernach ein wahres Vergnügen daraus machen, ihn zu betrügen, blos — um ihm zu beweisen, daß ein Vorlegeschloß n i c h t s hilft.

Hans. Nun! das wollen wir doch sehen!

(ab.)

Sechster Auftritt.

Mariane.

Ich möchte nur wissen, wie Hedwig dem Manne so viele Gewalt hätte einräumen können! — Aber sie wird's gleich im Anfange versehen haben, und so geht es den meisten Weibern. Die, welche nicht gleich am H o ch-
zeit-

zeittage das Regiment zu erhalten wissen, die bekommen es *niemals*.

Arie.

Will die Frau den Mann regieren,
darf sie keine Zeit verlieren,
ihm die Herrschaft zu entwinden,
ihrer Wünsche Ziel zu finden.
Aber listig, klug und fein,
muß sie bey dem Handel seyn.
Und es ist der Müh schon werth,
daß die Frau den Hut begehrt. —
Fängt sie es nur listig an,
so regiert sie Haus und Mann.

(ab.)

Siebenter Auftritt.

Emrich. Lina.

Emrich. Ich muß es gestehen! Die Gegend ist schön. Die Fläche ist so allerliebst, als wenn sie gleichsam zu einem Schlachtfelde geschaffen wäre. Wahrhaftig! die besten Bataillen-Gegenden in Sachsen sind nicht schöner. — Das Städchen liegt so nah, daß ich den Lieutenant überfallen kann, ohne mich durch einen langen Marsch zu strapaziren.

Lina. Aber wenn sie ihn sprechen, lieber Onkel, so werden Sie nicht zu hitzig. Sagen Sie ihm —

Emrich. Ich werde ihm sagen, was ich ihm sagen muß. — Und ich will schon sehen, ob es wahr ist, was man sagt, ob er andre Mädchen mehr liebt, als seine Braut.

Lina. Wie können Sie aber —

Emrich. Paperlapap! das will ich gleich sehen. Und sehe ich, und merke ich, was ich nicht zu sehen und zu merken wünsche, so — muß er vor die Klinge, oder ich bin dein Onkel nicht. Tausendelement! ich, ein ungarischer Edelmann! ich, der ich in Türkenblute fast ertrunken bin, ich sollte die Rechte meiner Nichte nicht zu defendiren wissen? Da müßt ich keinen Schuß Pulver werth seyn.

Lina. Nein, Felsenberg kann mich nicht hintergehen!

Emrich. Nun, darauf ist doch wohl nicht zu wetten.

Lina. Gewiß!

Emrich. Was du da sagst! — Inzwischen soll mir's lieb seyn, wenn du Recht hast, und ich will mich freuen, wenn du Frau von Felsenberg bist, da dir doch einmal der Herr Lieutenant so sehr an das Herz gewachsen ist. Ihr habt beyde Geld — ihr werdet glücklich seyn.

Lina.

Lina. Ach mehr als Geld und Gut, macht Liebe glücklich.

Emrich. Ich ziehe zu euch, und — Tausendelement! da werd' ich manchmal an der Wiege sitzen, und die kleinen Spaßvögel werden mir den Bart zerzausen. Höre du, Lina! (ganz naiv) darauf freue ich mich. — Da ich keine Janitscharen-Köpfe mehr wegsäbeln kann, so will ich — deine Kinder wiegen. Es ist auch eine Beschäftigung und im Grunde, ist die eine so nützlich wie die andere. Man muß nicht unbillig seyn! Tausendelement! ich habe in der Welt auch mein Gutes genossen; nun will ich mich in Ruhe setzen, und bey einer Pfeife Tobak meinen Lebensabenteuern nachdenken, deren ich in der Welt genug gehabt habe.

Arie.

Lustig leben die Soldaten!
überall giebt's Kammeraden,
und in Städten und in Städtchen,
giebt es Weiber, Wein und Mädchen,
und wenn man bey diesen ist,
wird getrunken und geküßt. —
O wie oft bin ich betrunken
auf den weichen Schoos gesunken
einer schönen Ungarin!
Ja! dort sind die Mädchen schön,
hold und herrlich anzusehn,

und das Herz ist schnell dahin.
Nun bedenk' noch oben drein,
wächst in jenem Land Tokaier Wein.
Wie bey Mädchen, so im Kriege,
wohnt' ich auch so manchem Siege,
manchem blutgen Treffen bey. —
Doch die Zeit ist nun vorbey!
Jetzo will ich bey dir bleiben,
mein Vermögen dir verschreiben,
was ich habe, das soll dein,
deinem Mann und deinen Kindern seyn.

(Lina vergießt Thränen über seine Gutherzigkeit.)

Liebe Lina! was ist das?
Deine Augen sind ja naß.
Ich muß weinend selbst gestehen,
dich kann ich nicht weinen sehen.

(Trocknet einige Thränen aus den Augen, zwingt sich aber schnell wieder zum Lachen.)

Emrich Landau! alter Knabe!
Thränen sind des Herzens Gabe,
mußt sie geben, mußt sie nehmen,
darfst dich ihrer niemals schämen;
sieh, die Freude lockt und spricht:
alter Knabe, weine nicht!

(Nach einer Pause.)

Düstre Laune zu bezwingen,
muß man tanzen, muß man singen.
Danja, danja, danja ta!
da, tioro tioroto, ta!

(will abgehen)

Achter

Achter Auftritt.

Vorige. Sander. Mariane.

Mariane. Ei! der Herr Rittmeister sind ja ausserordentlich lustig!

Emrich. Ja ich bin ein närrischer Kauz, bald wein ich, bald lach' ich, bald fluch' ich, bald sing' ich. Ich bin das leibhafte Konterfey des Soldatenstandes.

Sander. Die hiesige Gegend hat doch wohl Ihre Approbation?

Emrich. Die hat sie.

Sander. Das kontentirt mich unendlich.

Mariane. Wir wünschen, daß es Ihnen bey uns recht wohl gefallen möge.

Emrich. Da hat sie meine Hand drauf! und — weiß Sie was? Wenn ich Ihr von zu Hauße ein Fäßchen Tokaier Wein schicke, das nimmt sie wohl nicht übel?

Mar. (verneigt sich.) Im geringsten nicht, Herr Rittmeister.

Emrich. Das ist mir lieb! — (schüttelt ihr die Hand.) Ein Mann ein Wort! — Nun, Herr Kammerad, wollen wir unsern Marsch antreten, und den Herrn Lieutenant aufsuchen.

Lina. (vor sich) O Himmel! (zu Marianen) Wenn es Ihnen möglich ist, so verhindern Sie

Sie es, daß mein Onkel, wenigstens nicht dieſen Abend noch, den Lieutenant ſpricht.
Mar. Das wollen wir ſchon verhindern. Ich darfs nur meinem Manne verbieten, ſo müſſen ſie hier bleiben.
Lina. Wenn Sie das können, ſo —
Mar. Das ſollen Sie gleich ſehen. — (zu Sander) Schatz! heute kannſt du nicht mit dem Herrn Rittmeiſter gehen.
Sander. Warum denn nicht?
Mar. Deine Geſchäfte —
Sander. Sind unbedeutend. Ich werde alſo —
Mar. Du wirſt nicht mitgehen, du wirſt hier bleiben, oder du weißt, was erfolgt, wenn du ungehorſam biſt.

Quartett.

Sander. Ich will, ich werde gehen!
Mariane. Es ſoll nun nicht geſchehen!
Sander. Ei, ſag mir nur warum?
Mar.
Lina. } Darum! darum! darum!
Emrich. Ihr Weiber, das iſt dumm!
Sander. So ſag mir nur warum?
Mar.
Lina. } Darum! darum! darum!
Emrich. Ihr Weiber, das iſt dumm!
Mar. Dumm hin, dumm her, kurz um, mein Mann geht heut nicht mit.

Emrich.

Emrich. So sag doch nur, warum?
Mar. Weil ich's nicht haben will.
Sander. Ich bitte dich, sey still!
 und laß mich mit ihm gehen.
Mar. Durchaus soll's nicht geschehen.
Sander. So sag mir doch, warum?

Mar.⎫
Lina.⎭ Darum! darum! darum!

Emrich. Ihr Weiber, das ist dumm!
Sander. Sag mir doch nur, warum?

Mar.⎫
Lina.⎭ Darum! darum! darum!

Emrich. So sag doch nur: warum?
Mar. Weil ich's nicht haben will,
Sander. Ich bitte dich, sey still,
 und laß mich mit ihm gehen,
Mar. Durchaus soll's nicht geschehen!
Sander. So wiß', es wird geschehen,
 ich werde mit ihm gehen.
Mar. (zieht ihn zurück) Es wird doch nichts daraus,
 gleich pack' dich fort nach Hauß!
Sander. Nun sag mir nur, warum?

Mar.⎫
Lina.⎭ Darum, darum, darum!

Emrich. Hört Weiber, das ist dumm!

(Mariane schiebt Sandern in das Schloß,
 und Emrich geht nach der Stadt.)

Neunter Auftritt.

Mariane. Lina.

Lina. Er läßt sich nicht abhalten. Er geht allein.

Mar. Nicht aus Neugier sondern aus wahren Verlangen, Ihnen dienen zu können, lassen Sie mich fragen: darf ich denn wohl wissen, warum Sie die Zusammenkunft Ihres Herrn Onkels und des Herrn Lieutenants fürchten?

Lina. Dazu habe ich gewiß Ursach. Felsenberg lag im vorigen Jahre in unserer Nachbarschaft im Quartier, er besuchte uns oft, er kam gern, und wurde gerne gesehen. Er sprach von Liebe, ich hörte ihn an; er schwur mir ewige Treue, und ich nahm seine Schwüre an. — Kurz darauf mußte er sein Standquartier ändern, und nun schreibt man uns, daß sein Umgang mit Mädchen und Weibern sehr allgemein werde.

Mar. Herr von Felsenberg ist ein artiger, junger Mann, der freylich gerne gesehen wird, und sein gefälliges Betragen erwirbt ihm überall Freunde und Freundinnen.

Lina. Das weiß ich!

Mar. Er sagt gern jedem Weibe und Mädchen Artigkeiten, und wo ist die, die das nicht gern hörte?

Lina.

Lina. (seufzend) Nirgends!

Mar. Mir selbst, ich muß es nur gestehen! — hat er — einigemal gesagt — daß — ich wohl eines bessern Mannes werth sey, und dergleichen Artigkeiten mehr.

Lina. Wenn mein Onkel nur keine Händel mit ihm bekömmt!

Mar. Im Vertrauen, das glaube ich nicht.

Lina. Sie wissen nicht, wie hitzig mein Onkel ist.

Mar. Und wenn er noch so hitzig ist, zu Thätigkeiten kommts gewiß nicht. — Der Herr Lieutenant hat mich einst zu seiner Vertrauten gemacht, als von Herzensangelegenheiten die Rede war, da sagte er zu mir: auch ich liebe!

Lina. Das sagte er? Und nannte er nicht den Namen seiner Geliebten?

Mar. Den Zunamen nicht, aber den Vornamen.

Lina. Und der war?

Mar. (Vertraut, artig, lächelnd und mit Beziehung) Lina!

(ab, in das Schloß.)

Zehn-

Zehnter Auftritt.
Lina.

Lina! — Lina? — Ja! mein Herz sagt es mir, er liebt mich noch, er ist mir treu geblieben.

Arie.

Flieht ihr quälenden Gedanken,
Fliehe Herzens Qual und Pein!
Felsenberg kann nimmer wanken,
Und er kann nicht treulos seyn.

(ab in das Schloß.)

Eilfter Auftritt.

Hedwig. (kömmt aus dem Hauße.)

Wo mein Mann bleiben muß? — „O! der Grausame! wie sehr verkennt er mich! — Aber es wird gewiß eine Zeit kommen, wo er einsehen wird, daß er mir zuviel thut. Das Gefühl der Unschuld beruhigt mich, und nichts kann mir den Trost rauben, den mir Herz und Gewissen schenken.

Arie.

Dieß Gefühl ist mir geblieben,
tief im Herzen eingeschrieben:
Wenn man's kaum ertragen mag,
kommt zuletzt ein heitrer Tag.

Alles, will ich, alles, dulden!
Alles, nur nichts selbst verschulden.
Endlich, endlich, doch einmal
endigt sich wohl meine Qual.

Nie hat bebend mein Gewissen
mir den süßen Trost entrissen,
wenn man's kaum noch tragen mag,
kömmt zuletzt ein heitrer Tag.

(will gehen.)

Zwölfter Auftritt.

Hedwig. Felsenberg.

Felsenb. Guten Abend, schöne Frau!

Hedwig. (erschrocken, vor sich) Ach! das ist gut, daß mein Mann nicht da ist. (laut) Ihre Dienerin.

Felsenb. So allein?

Hedwig. Ganz allein.

Felsenb. Wo ist denn der Herr Gemal?

Hedwig. Das weiß der Himmel! Ich bin seinetwegen sehr in Sorgen.

Felsenb. Das verdient er nicht.

Hedwig. Wenn er nur kein Unglück genommen hat; ich habe ihn nach dem Mühlstege zugehen sehen.

Felsenb. Vielleicht ist er so gescheut und fällt ins Wasser, so ist sie ihn los.

Hedwig. Pfui doch!

Felsenb.

Felsenb. Sie wäre gewiß die erste Frau nicht, deren Mann so recht a propos ertrunken wäre.

(es wird immer dunkler.)

Dreyzehnter Auftritt.

Vorige. Hans.

Hans. (vor sich) Morgen wird das Vorlegeschloß fertig seyn! — Und da will ich — (will in das Haus gehen, und wird, ungesehen, Felsenberg und Hedwig gewahr.) Wie? — seh ich recht? ja! so wahr ich lebe! da steht meine liebe Ehehälfte und unterhält sich schon wieder mit dem Herrn Lieutenant. Jetzt gleich will ich meinen Schwager rufen, da soll er sich selbst überzeugen, wie unschuldig seine liebe Schwester ist (will in das Schloß.)

Vierzehnter Auftritt.

Vorige. Sander.

Sander. (kömmt aus dem Schlosse.) Wohin so eilig, Herr Schwager?

Hans. Eben wollt' ich ihn rufen. Es giebt was zu sehen.

Sander. Was denn?

Hans. Sieht er dort meine Frau und den

Lieutenant? Es scheint sie haben Heimlichkeiten, wir dürfen sie wohl nicht stören?
Felsenb. Aber nur ruhig! wir wollen ihn kuriren.
Hans. Vermuthlich sprechen sie von m i r.
Felsenb. Das verspreche ich hiermit feyerlich.
Hans. So?
Hedwig. O wenn sie das könnten!
Felsenb. Nicht gezweifelt! ich halte, was ich verspreche, pünktlich.
Hans. Warum nicht?
Felsenb. Der Narr, ist eine solche hübsche Frau gar nicht werth!
Hans. Richtig! er meinet m i ch.
Sander. So ganz unrecht hat er nicht.
Felsenb. Aber! wie konnte Sie sich entschließen, einen solchen alten, eifersüchtigen Mann zu heurathen?
Hedwig. Ach!
Hans. Sie seufzt!
Sander. Und warum sollte sie n i ch t seufzen?
Hans. Weil — ich's nicht haben will.
Hedwig. (sieht sich um) Himmel! mein Mann!
Hans. Guten Abend, zusammen!
Felsenb. Guten Abend!
Hans. Ich bin doch nicht etwa im Wege?
Felsenb. Gar nicht.
Hans. Nun, das ist mir lieb. Aber daß du
dich

dich immer so sehr der Abendluft aussetzest, das ist mir nicht lieb: (zu Felsenberg) Sie erlauben's doch, daß ich meine Frau bitte, ins Haus zu gehen, wo sie hingehört?

Felsenb. Jetzt nicht!

Hans. Nicht?

Felsenb. Nein, sie soll noch ein wenig hier bleiben.

Hans. Ist das wirklich Ihr Ernst?

Felsenb. Mein völliger Ernst.

Hans. So! — (zu Hedwig) Geh' in's Haus, sag' ich dir.

Felsenb. Er ist so eifersüchtig, daß er mich dauert.

Hans. Ich danke.

Felsenb. Weniger eifersüchtig und mehr gefällig, wäre besser: denn Beyspiele lehren: daß Mißtrauen eine sehr interessirte Freundin ist, die mehr Prozente nimmt, als sie rechtmäßiger Weise von ihren kleinen Kapital fordern kann. Laß' er sich doch einmal eine Geschichte er, zählen.

Romanze.

Es war einmal ein alter Mann
der hatt' ein junges Weibchen;
man säh' sie mit Entzücken an,
das liebe, liebe Täubchen:
Ein schöner Wuchs, ein hold Gesicht

es fand sich ihresgleichen nicht,
und wenn sie einen angeblickt,
der war sogleich verrückt.
Auf keinem schönern Füschen stand
kein Weib in ihren Vaterland.
Sie war voll Witz und voll Verstand.
Und voll Verstand.

Ihr Mann, geplagt von Eifersucht,
bewahrte lang die goldne Frucht,
verschloß ben Tag und Nacht das Haus
und ließ sie nicht zum Zimmer h'naus.
Er quälte sie und plagte sie,
der Eifersüchtge, spät und früh,
kaum konnte sie ans Fenster gehn,
und auf die Straße sehn.
Er ließ nicht gern den Sonnenschein
nicht gern den Mond zum Fenster ein.
In Garten durfte sie nicht gehn
die Vögel dort zu sehn.

Da wurd' ihr Zeit und Weile lang
es wurde ihr um's Herzchen bang,
es war ihr gar zu wunderlich,
das gute Weibchen grämte sich.
Sie wurde krank, sie wurde schwach,
da hörte man nur O! und Ach!
Das war dem Mann nicht einerley,
er rief den Arzt herbey.
Der Doktor kam, ein junger Mann,
mit Weibern wohl bekannt,
der sah der schönen Kranken an
was sie ihm nicht gestand.

C Er

Das rothe Käppchen.

Er sprach: die Kranke müßen wir,
sogleich magnetisiren,
ich wage viel zu wetten hier,
bald will ich sie kuriren.
Der Mann war froh und sagte: ja,
Herr Doktor, thun sie das.
Der Doktor kam dem Weibchen nah
und sagt' ihr dies und das,
berührte sie mit zarter Hand,
und fuhr zu streicheln fort,
und setzte bald durch Kunstverstand
mit ihr sich in Rapport.

Es schlug die Kur des Doktors an,
das Wunder war nicht klein.
Das Weibchen sprach: ach lieber Mann!
ich bin nun wieder dein.
Wie war ich krank, wie war ich schwach,
und quälte dich mit O! und Ach!
Ich bin von allen Uebel frey
und lebe dir aufs neu.

Der Mann war froh und gab ihm Geld
und eine goldne Uhr;
berühmt ward' unser junger Held
durch seine Wunderkur.
Es wurde manches Weibchen krank,
gleich war der Doktor da.
Und so erhielt er vielen Dank,
viel Geld, et cetera.

(ab.)

Funfzehnter Auftritt.

Hedwig. Sander. Hans.

Hans. Schwager! was heißt denn das: et cetera?

Sander. Das heißt: Hüte dich, daß du nicht in die Hände der Aerzte fällst.

Hans. So! so! — nun wenns weiter nichts ist, so hats keine Not. Hedwig ist frisch und gesund, und braucht keinen Doktor.

(Hedwig geht langsam in das Hauß.)

Sander. Aber einen Mann, der ihr nicht das Leben verbittert. Glaubt er nicht, daß er mit Freundlichkeit weiter kömmt, als mit ewigen Brummen und Trotzen?

Hans. Nun! ich will's einmal probiren. Aber, er wird sehen, es wird auch nicht beßer. Morgen leg' ich ein Schloß vor die Thür, denn das kann ich nicht leiden, daß sie immer, ohne mich zu fragen, herum spaziert. Eine Frau muß ihr Hauswesen besorgen, und darf nicht auf allen Spaziergängen herumlaufen. — Freundlich und gut will ich mich gegen sie betragen, aber was das übrige betrifft, so —

Sander. Weiß er nicht, was ihm fehlt.

(ab.)

Sechzehnter Auftritt.

Hans.

Hm! das weis ich wohl! und andere Männer werden es auch wißen, denen es eben so wie mir

mir ist. Aber der, der steht unterm Pantoffel. Das ist meine Affaire nicht! — Ein Mann, der sich von seinem Weibe muß befehlen laßen, dem fehlts da, (auf den Kopf zeigend) oder da (aufs Herz). Mögen sie mich doch immer einen eifersüchtigen Narren heißen, ich werde meinen Weg fortgehen, ohne mich um das Geschwäz zu bekümmern. Beßer, ist beßer!

Arie.

Der Mann ist Herr und nicht die Frau,
O ho! das weis ich ganz genau.
Ich liebe Recht, ich kenne Pflicht,
mich kommandiren laß' ich nicht.
Des Schwagers Weib regiert das Hauß,
befiehlt dem Mann und lacht ihn aus,
was sie verlangt, das muß geschehn,
nach ihrem Kopfe muß es gehn;
das aber steht mir gar nicht an,
mein Weib ist Weib, und ich bin Mann!

Ach Männer nehmt euch wohl in Acht!
seyd ihr um's Regiment gebracht,
so lacht die Frau euch selber aus,
und spricht: ich bin der Herr im Haus.

(ab.)

Siebzehnter Auftritt.

Emrich. Sander. (hernach) *Mariane.*

Emrich. Ja! ja! so war's!

Sander. Also ein vergeblicher Gang?

Emrich.

Emrich. Ein vergeblicher Gang!

Sander. Ich war in Angst und dachte: Sie würden sich verirren, würden den Weg nicht finden.

Emrich. Ich habe ihn gefunden, und werde ihn morgen auch wieder finden, da ich den Lieutenant heute nicht angetroffen habe.

Mariane. (kömmt, die Küchschürze vor, aus dem Schloße) Wenn es Ihnen gefällig ist, so wollen wir speißen. Sie müßen aber vorlieb nehmen, wie Sie uns finden, denn auf dem Lande —

Sander. Herrscht Frugalität, theuerster Herr Rittmeister.

Emrich. Ein Soldat, wie ich, ist keine fürstliche Tafel gewohnt. Ein Stück Schinken, und ein Gläschen Wein ist mir lieber als Austern und Fasanen. Was ihr habt! — Also keine Umstände! kommt! (gehen ins Schloß)

Achtzehnter Auftritt.

(völlige Nacht)

Felsenberg (in einem Mantel gehüllt) Ein Korporal.

Felsenberg. Besetze er das Dorf an allen Ausgängen. Ich nehme den Gefreiten zu mir, und mit 4 Mann will ich die beyden Rekruten

ten selbst ausheben. Aber nur behutsam, daß man nichts davon ahndet. Hinter dem Kirchhofe ist der Sammelplatz, dort treffen wir uns in einer Viertelstunde wieder.

Korporal. Wie Sie befehlen, Herr Lieutenant.
(gehen auf verschiedenen Seiten ab.)

Neunzehnter Auftritt.
Finale.

Hedwig. (kömmt ängstlich aus dem Hause.)

O Himmel! ich zittre, es klopfet mein Herz!
Wie soll ich mich retten? mich tödtet der
    Schmerz!
Was sinnt er, was denkt er sich gräßliches
    aus?
Ich gehe nicht ohne den Bruder ins Haus.
Es droht mir ein Unglück, es ahndet mir
    schon.
Ich bleibe nicht länger, ich eile davon.

Zwanzigster Auftritt.

Hans. (Ohne Weste und Rock, eine weiße Schlafmütze auf dem Kopfe, kömmt aus dem Hauße.)

Die Thüren sind offen! ja, ja! sie ist fort!
Ich finde sie nirgends, nicht hier und nicht
    dort.
Da soll ich nichts sagen, und habe doch Recht,
Entläuft sie dem Manne? das wäre doch
    schlecht!
        Doch

Doch! warte, du Hexe, ich will dich schon
   kriegen,
Du sollst mich nicht foppen und listig betrügen.
Ist's möglich! sie schleichet bey Nacht sich
   heraus:
Doch warte, du sollst mir nicht wieder ins
   Haus.
   (geht in das Haus und schließt hin-
      ter sich zu.)

Ein und zwanzigster Auftritt.

Hedwig. Sander. (Eine Serviette im
   Knopfloch.)

Hedwig. O quälender Kummer! o schreklicher
   Schmerz!
Wie klopfet und bebet so ängstlich mein Herz!
Sander. Was giebt es denn, Schwester? was willst
   du von mir?
Was hast du zu sagen? was soll ich denn hier?
Hedwig. Ach höre mich, Bruder, was fang ich nur
   an?
Mir drohet ein Unglük, du kennst meinen Mann.
Er war bey dem Eßen so lustig, und scherzte,
Er machte nur Spädchen und küßte und herzte
mich freundlich und artig, sonst thut er das nicht.
Du kennst ja sein düstres, sein grämlich Gesicht.
Es war nur Verstellung, das konnt ich leicht sehn!
und höre nur Bruder was weiter geschehn!
Er gieng nach dem Eßen sogleich in die Kammer,
und hohlte sich Zange und Nägel und Hammer,
dann sah ich ein Weilchen bedenklich ihn stehn,
dann sprach er entschloßen: so muß es geschehn!

E 4   Drauf

drauf sagt' er dem Knechte was heimlich ins Ohr,
das kam ganz natürlich verdächtig mir vor.
Ich fragte mit Zittern den brummenden Mann:
Was fängst mit den Hammer und Zange nur an?
Er lachte so tückisch und sagte: „mit morgen
verläßt mich mein Kummer, verschwinden die
        Sorgen!"
Wie fiel mir da Manches und Schreckliches ein!
Er lachte noch hämisch und ließ mich allein.
Ich gieng in die Kammer, doch blieb ich nicht
        dort,
verließ sie bald wieder, und eilte dann fort.
Nun sage mir, Bruder, was denkst du davon?
Ich zittre, wie knapp ich dem Tode entflohn.
Sander. Nein, Schwester, du irrst dich, des Man-
    nes Betragen,
ich will dir's erklären, ich muß dir nur sagen:
Wir sprachen zusammen, da stellt' ich ihm vor
er handle zu grausam, er sey nur ein Thor,
verjage die Liebe durch Poltern und Schmähn,
da merkt' er auf einmal sein großes Vergehn.
Versprach sich zu bessern, versprach dich zu lieben,
mit Zanken und Schelten dich nicht zu betrüben.
Dir machten der Hammer, die Nägel und Zange,
und seine bedenklichen Reden so bange.
Das darf dich nicht irren, er schäkert mit dir,
sey ruhig, o Schwester! ich stehe dafür.
Hedw. Ja das ist was anders, nun seh' ich's wohl
        ein,
Ich konnte nur ruhig und sorgenlos seyn.
Sander. Ja Schwester, so ist es, ich kenne dich
        schon,
du bist gar zu furchtsam, drum liefst du davon.

          Hedw.

Hedw. Nun bin ich ganz ruhig, ich schleiche ins
                    Haus,
Und lache mich selber im Bette noch aus.
Beide. Umsonst hat der Irrthum {mir/dir} Kummer gemacht
       Schlaf wohl {lieber Bruder/liebe Schwester} schlaf
       wohl, gute Nacht!
(Sander geht ins Schloß; Hedwig will in
das Haus und findet es verschlossen.)
Hedw. Das Haus ist verschlossen, was fang ich
                    nun an?
wie wird er mich schelten, der grämliche Mann!
       (sie klopft an die Hausthür.)

Zwey und zwanzigster Auftritt.

Hedwig. Hans. (sieht zum Fenster heraus.)

Hans. Wer ist da? Wer klopfet? Wer ist an der
                    Thür?
Ha! ha! die Frau Schulzin! was will sie denn hier?
Hedw. O lieber Mann! sey nur nicht bös auf mich.
Ich habe gefehlet, beleidigte dich.
Verzeih mir den Fehler, es soll nicht mehr ge-
                    schehn,
erbarme dich, laß mich nicht länger hier stehn.
Hans. Ein Weib, das zur Nachtzeit spatzieren will
                    gehn,
mag harren und klopfen und bitten und flehn.
Geh, pack dich! denn ich laß dich nicht mehr herein!
auf ewig geschieden will ich von dir seyn.
                                   Hedw.

Hedw. O sieh doch die Thränen, o! höre mein
Bitten!
Ich habe ja leider! so viel schon gelitten.
Hans. Geh, pack dich! denn ich laß dich nicht mehr
herein.
Auf ewig geschieden will ich von dir seyn.
Hedw. (Nach einer Pause, mit erzwungner
Entschlossenheit.)
Nun weil du auf ewig geschieden willst seyn,
so sey es, ich springe in Brunnen hinein.
Hans. Spring immer in Brunnen, so hab' ich doch
Ruh,
dich kann ich wohl missen, so springe nur zu.
Hedw. Leb wohl, du Tirann! unbarmherziger Mann!
(wirft einen großen Stein in den Brunnen,
und steckt sich hinter denselben.)
Hans. O Himmel! ach Hedwig! was hast du
gethan?
Zu Hülfe! zu Hülfe! o gütiger Himmel!
Sie ist nun ertrunken! o Schrecken, o Quaal!
(geht vom Fenster.)
Hedw. Ich hör' ihn schon kommen, und schleich in
das Haus,
und sehe gelassen zum Fenster heraus.
(steckt sich wieder hinter den Brunnen.)

Drei

Drei und zwanzigster Auftritt.

Hedwig. (hinter dem Brunnen) Felsenberg. Ein Gefreiter (mit einer Laterne) Vier Soldaten (mit Gewehr, führen geschlossen zwey Rekruten, welche weinen.)

Felsenb. Könnt ihr weinen, könnt ihr trauren?
Könnt ihr so erbärmlich thun?
Gestern war't ihr schlechte Bauern,
und Soldaten seyd ihr nun.
Diese Kleider trägt der König,
ihr erhaltet seinen Staat.
O, wie ist der Bauer wenig,
und wie viel ist der Soldat!

Vier und zwanzigster Auftritt.

Vorige. Hans. (ohne Rock und Weste mit einen Strick und einer Laterne.) Sein Knecht, (gleichfalls ohne Rock und Weste, mit einer Leiter.)

Hans. Lieben Leute! Leute, rettet!
Lieben Leute, welche Not!
Ach mein Weibchen! Leute rettet!
Ach vielleicht, sie ist schon tod!
Felsenb. Was soll diese Thorheit seyn?
Geh er in sein Haus hinein.

Hans.

Hans. Ach es ist nur allzuwahr!
Ich zerraufe mir das Haar!
In den Brunnen liegt sie hier.
Felsenb. Tret er her und sag' er mir,
hat er das nicht selbst gethan?
Hans. Wär ich solch' ein böser Mann! —
Ach mir beben alle Glieder!
Geben Sie mein Weib mir wieder.
Felsenb. Schweig er still! und ihr, Gefreiter,
Hier habt ihr die Leiter,
machet sie mit Stricken fest,
sucht die Frau herauszuziehn.

Der Gefreyte (nimmt dem Knecht die Leiter
ab, läßt sie in den Brunnen hinab, zieht seine
Montirung aus, und steigt endlich mit der
Laterne hinunter.)

Felsenb. (zu zwei Soldaten.) Haltet ihr den Schulzen fest,
nehmt sogleich ihn in Arrest!

(zwei Soldaten führen den Schulzen in den
Vorgrund der Bühne.)

Hedw. (läuft indessen hinter dem Brunnen
vor, in das offene Haus, und macht die
Thür hinter sich zu.)

Hans. In Arrest? ich armer Mann!
Ach! was hab' ich denn gethan?
Felsenb. In den Brunnen stürztest du,
dein getreues, liebes Weib.
Hans. Selbst der Himmel muß bezeugen,
nein! das hab' ich nicht gethan.

(schreit

Eine komische Operette.   45

(schreit gegen das Schloß) Ach Herr Schwager!
Felsenb. Will er schweigen!
Hans. Lieber Schwager?
Felsenb. Wird er schweigen?
Hans. Bester Schwager!
Felsenb. Er soll schweigen!
Hans. Hülfe!
Felsenb. (zeigt den Stock) Stille! kennt er den?

Fünf und zwanzigster Auftritt.

Vorige. Sander (mit der Serviette.)

Sander. Schwager! was soll das bedeuten?
 Er mit allen diesen Leuten?
Hans. Lieber Schwager! rett' er mich.
 Lieber Herr, Sie irren sich.
 Selbst der Himmel wird bezeugen —
Felsenb. Wird der Unverschämte schweigen?
Hans. Ach, wie wird es mir ergehn!
Felsenb. Stille! sag ich; kennt er den?

Sechs und zwanzigster Auftritt.

Vorige. Mariane. Lina.

Mar. ⎱ Nun was ist denn hier geschehn?
Lina. ⎰ Kann man doch kein Wort verstehn.
Sander. Laßt mich so nicht länger stehn!
Felsenb. Dieser Mann —
Hans. Das ist nicht wahr!
Felsenb. Hat sein Weib —

Hans.

Hans. Es ist nicht wahr!
Felsenb. In den Brunnen —
Hans. Es ist nicht wahr!
Felsenb. Hineingestürzt.
Hans. Das ist nicht wahr!
Sander. ⎫
Lina.   ⎬ Ist das wahr?
Mar.   ⎭

Felsenb. ⎫ Ja es ist wahr!
Hans.   ⎬ Es ist nicht wahr!

Sieben und zwanzigster Auftritt.

Vorige. Emrich. (ohne Pelz und Säbeltasche, eine Schlafmütze auf dem Kopfe, eine Serviette in der Halsbinde befestiget, ein Glas Wein in der Hand; illuminirt.)

Emrich. Welch Getöse! welches Lärmen! Nun, erklärt mir den Spectakel: Was ist wahr? Was ist nicht wahr?
Sander. Mar. Lina. Felsenb. Dieser Mann —
Hans. Es ist nicht wahr!
Sander. Mar. Lina. Felsenb. Hat sein Weib —
Hans. Es ist nicht wahr!
S. M. F. L. In den Brunnen —
Hans. Es ist nicht wahr!
S. M. L. Felf. Hineingestürzt.
Hans. Es ist nicht wahr!
Emrich. O mein Kopf ist in Gefahr!

H

Alle. {O wie das durch einander geht,
daß man sich selber kaum versteht!
Es scheinet mir ein toller Spaß;
daraus werd ich nicht klug.
Das Herz schlägt wie ein Hammer mir,
Tapala, ta pa la!
Gleich einer Mühle klapperts hier,
Ta pa la, tapala!

Felsenb. So schweigt doch nur! was hilft denn das?
Ihr redet all' und wißt nicht was.

Hedw. (am Fenster, Felsenberg parodirend) So
schweigt doch still! was hilft denn das?
Ihr redet all' und wißt nicht was. —
Was habt ihr da zu schaffen?
Kann man nicht ruhig schlafen?

Felsenb. Hans. Lina. Sander. Mar.
Ist Hedwig da? Ist Hedwig da?

Hedw. Ta pa la! ta pa la!

Felsenb. Hans. Lina. Sander. Mar.
Ist Hedwig da?

Hedwig. Ta pa la, ta pa la!

Felsenb. Emr. Hans. Lina. Sander. Mar.
Wie hör ich recht, was ist denn das?

Hedwig. Es ist ein allerliebster Spas.

Hans. Du sprangst in Brunnen nicht hinein?

Hedw. Nein lieber Mann, das lies ich seyn!

Hans. Ich hörte doch, du fielst hinein.

Hedw. Nein, lieber Mann, das war ein Stein.
Gewiß das ist ein rechter Spaß!

Alle. Ja wohl! ein allerliebster Spaß!
Ha! ha! ha! ha! ha! ha! ha! ha!

Zweyter Aufzug.

(Morgen.)

Erster Auftritt.

Lina. Sander. Mariane. (sitzen an einem Tischgen vor dem Schloße und trinken Kaffee.) Emrich, (raucht Tobak; vor ihm steht eine Flasche Wein.)

Quartett.

Alle { Ha! das Frühstück schmeckt hier beßer
in dem Grünen, in der Luft,
und der Appetit ist größer
in dem reinen Morgenduft.

Mariane. (zu Lina.) Nicht gefällig, noch ein Täßchen?
Lina. Nein! ich sage vielen Dank.
Sander. (zu Emrich) Nicht ein Täßchen?
Emrich. Nein ich danke.
Lina. Er verschmähet warmen Trank.
Emrich. Kann den Kaffee nicht vertragen,

er verdirbt mir meinen Magen.
Hab' ich nur ein Gläschen Wein,
laß ich Kaffee, Kaffee seyn.
Wo ein Pfeifgen Knaster brennt,
da ist auch mein Element.
(Sie stehen auf.)

Mar. (verneigend) daß es Ihnen wohl bekommen möge!

Emrich. Obligirt! — der Wein schmekt mir, der Tabak ist gut, und ich bin vergnügt wie ein Fürst.

Sander. Das freut mich herzlich.

Mariane. Sie erlauben, daß ich mich entferne. — die Küchengeschäfte —

Emrich. Das sind gute Geschäfte. Laße sie sich ja nicht davon abhalten.
(Mariane geht ins Schloß.)

Emrich. Ich werde dort ein wenig an dem Bache hinunter schleichen, 's ist ein allerliebster Spaziergang.
(ab.)

Zweiter Auftritt.

Lina. Sander.

Sander. Und Sie, gnäd. Fräulein?
Lina. Ich habe eine Bitte.
Sander. Ich erwarte Befehle.

Lina.

Lina. Sie kennen die Verhältniße, in denen ich mit Felsenberg stehe.

Sand. Meine Frau hat mich davon informirt.

Lina. Darauf habe ich gerechnet. Ich fürchte, daß eine Unterhaltung meines Onkels mit ihm, nicht zum besten ausfallen mag, und ich bin überzeugt, daß auch Sie Thätlichkeiten zu verhindern wünschen.

Sander. Von ganzen Herzen.

Lina. Hier ist ein Brief an Felsenberg —

Sander. Den vertrauen Sie mir an?

Lina. Darf ich Sie bitten —

Sand. Ihn zu bestellen? herzlich gern!

Lina. Ich bleibe Ihre dankbare Schuldnerin. — Aber Sie dürfen ihm nicht sagen, daß ich Ihnen den Brief selbst gegeben habe. Sagen Sie ihm, es habe ihn ein Bote gebracht, der hier auf Antwort warte.

Sand. Wie Sie befehlen. Sollte Sie aber Felsenberg nicht in der vorigen Nacht, bei der Brunnenscene erkennt haben?

Lina. Unmöglich! — Es war sehr dunkel — er ahndet nicht, daß ich hier bin — und wüßte er, daß ich ihm so nahe bin, er würde — ja! mein Herz sagt es mir! — er würde gewiß in meine Arme eilen. Ich kann mich nicht von seiner Untreue überzeugen.

Sand. Ich auch nicht.

Lina.

Lina. (giebt ihm den Brief) Eilen Sie, mir Gewißheit zu verschaffen.

Sand. Wie ein Pfeil werde ich davon eilen und eben so schnell werde ich auch wiederkommen. Sie haben sich einem Mann anvertraut, der, ohne sich selbst zu rühmen, zum Geschäftsträger geboren ist.
ab.)

Dritter Auftritt.

Lina. Karl! ich werde dich wiedersehen, werde die Versicherung deiner Liebe von deinen Lippen hören. Hier harrt deine Lina des glücklichen Augenblickes. Mit der Luft, die du athmest, schweben alle ihre Wünsche und Seufzer dir zu. — O Wonne des Wiedersehens! seelige Empfindungen, die meinen Busen heben! — Ach! wie mein Herz klopft! Karl! Karl! es schlägt für dich.

Arie.

Welch ein holdes, neues Leben!
Ach wie schlägt mein Herz für dich! —
Dieses Klopfen, dieses Beben,
dieses Drängen, dieses Streben! —
Ja mein Karl! noch liebst du mich.
Heilig war mir das Versprechen,
Deine Schwüre nie zu brechen.
Keine andre wirst du lieben,

Ja du bist getreu geblieben.
Ich entgehe der Gefahr; —
Nein! mein Karl bleibt treu und wahr!
(ab ins Schloß.)

Vierter Auftritt.

Hans. (kömmt mit Hut und Stock aus dem Hause.)

Ich sagt's ja gleich, daß es nichts helfen würde. Man kömmt nun einmal mit Sanftmuth bey den Weibern nicht fort. Sie sind zur Sklaverei geboren, wie wir zur Herrschaft, das ist ausgemacht und richtig. — Was hab' ich denn mit meiner Freundlichkeit ausgerichtet? Davon lief sie mir. Je besser man's mit den Weibern macht, je schlimmer ist man mit ihnen dran. Hol der Henker alle neue Methoden und Ehestandsmanieren! Ich bleibe bei der alten. Die Neuerungen taugen nichts. Die Alten waren auch keine Narren. Mein Vater wußte wohl was er that, und wenn er meine seelige Mutter nicht wenigstens alle 8 Tage einmal abmaulschellirte, so war auch keine Ruh im Hause. Meine erste Frau (Pantomime mit dem Stocke, als setzte es Schläge) hatte ich mir völlig nach der Hand gezogen. Kaum war sie aber die gute Zucht gewohnt, so starb sie. Meine
zweite

Eine komische Operette.

zweite Frau möchte mich gern zu meiner ersten Frau schicken, aber — da gehe ich nicht hin. — Man hat eine Angst und eine Not, ehe man eine Frau bekömmt, und hat man sie, so weiß man vor Angst nicht, wie man sie wieder loß werden soll, 's ist am besten, man läßt sich scheiden. Ja, das ist auch das Klügste was ich thun kann; denn davon läuft sie mir ja doch wieder, und Weiber, die einmal auf diese Sprünge kommen, die muß man suchen los zu werden.

Arie.

Ja ich muß mich von ihr scheiden;
das ist länger nicht zu leiden!
Laufen wird sie stets herum. —
Noch in meinen alten Tagen,
mich mit einer Frau zu plagen;
Nein, Hans Töffel, das ist dumm!

Hin und wieder zu spazieren,
mit Soldaten zu scharmiren;
nein! die Frechheit bringt mich um.
Hoft' ich doch ein ruhig Leben,
dacht ich doch, es wird sich geben.
O Hanns Töffel! o wie dumm!

Ihre Männer zu veriren,
bey der Nase sie zu führen,
damit gehen Weiber um.
Will mein Weib sich lustig machen,

Soll ich schweigen? soll ich lachen?
Nein, Hans Töffel, das wär dumm!

Ist's der Schwägerin gelungen,
hat die Herrschaft sie errungen,
was bekümmr' ich mich darum?
Meine Frau, sie will es wagen! —
Liebes Weibchen, laß dir sagen:
Nein, Hanns Töffel ist nicht dumm!

Ja, ich will mit tausend Freuden
mich von meinem Weibe scheiden;
will sogleich zum Pfarrer gehn,
meinen Vorsatz ihm gestehn,
nie sie wieder Weibchen nennen,
mich auf ewig von ihr trennen.

Mag sie bitten, mag sie flehen,
einmal ist der Schritt geschehen.
Nein sie wird mich nicht erweichen,
gehe sie zu ihresgleichen,
wie ein Felsen will ich stehn.
Künftig leb' ich nur allein,
und will froh und ruhig seyn.

(geht, besinnt sich aber, und kömmt
zurück.)

Doch ich will zum Pfarrer gehen,
und die Thür bleibt offen stehen?
O Hans Töffel! das war dumm!

(er zieht ein großes Vorlegeschloß
aus der Tasche, legt es an die
Hausthür und schließt ab.)

Fünfter Auftritt.

Hedwig. (kömmt ans Fenster) Hans.

Hedwig. Nun? was ist das?

Hans. (gelaßen) Ein Schloß.

Hedwig. Was soll das?

Hans. Es benimmt den Weibern die Lust zum Spazierengehen, und ist ein herrliches Mittel gegen Zusammenkünfte, an denen einem Manne nicht viel gelegen seyn kann.

Hedwig. Aber ich bitte dich, lieber Mann, bedenk nur, was die Leute sagen werden.

Hans. Die werden sagen: Hanns ist ein kluger Mann, er hat seine Frau wohl verwahrt.

Hedwig. Das werden sie nicht sagen.

Hans. Was denn sonst?

Hedwig. 'S ist eine Schande, werden sie sagen, wie der eifersüchtige Mann mit der guten Frau umgeht.

Hans. Mit der guten Frau? Ob du gut bist, wollen wir nun eben jezt nicht untersuchen. Wenn du gut wärst, so sperte ich dich nicht ein.

Hedwig. Nimm das Schloß von der Thür.

Hans. Es bleibt, wo es ist.

Hedwig. Du willst's nicht wegnehmen?

Hans. Ich wär ein Narr, wenn ich's thät.

Hedwig. Ich rathe dir, thu das Schloß weg, oder ich mache Lärm. — Ach! lieber Mann,

nimm das Schloß weg, beschimpfe mich nicht
so sehr. Sey so gut! Hörst du, liebes Hänschen!

Hans. Hans hört nicht. Für dich ist er taub,
und das Schloß bleibt vor der Thür.

Duett.

Hedwig. Ach liebes Hännschen sey so gut,
und nimm das Schloß herunter.

Hans. Nein! Hännschen kennt dich gar zu gut,
du machst es täglich bunter.

Hedw. Ich bitte dich! was soll man hier
von diesen Vorfall sagen?

Hans. Das ist mir gleich, ich schwör' es dir;
wer hat darnach zu fragen?

Hedw. O! thu mir diesen Schimpf nicht an,
und laß dich doch erweichen.

Hans. Nein, nein, mein Schatz! ich bin kein Mann
wie viele meinesgleichen.

Hedw. Das Schloß hinweg, ich rufe sonst
die Nachbarn gleich herbey.

Hans. Das kannst du thun! was kümmert mich
dein Bitten, dein Geschrei!
(will fort.)

Hedw. Nun! weil denn gar nichts helfen will,
so ruf ich: Feuer! Feuer!

Hans. Verdamtes Weib, so schweige still! —
du bist ein Ungeheuer!

Hedw. Zu Hülfe! ach! zu Hülfe! ach!
es brennt hier! Feuer! Feuer!

Hans.

Eine komische Operette.

Hans. Weib, bist du toll, so schweige still! du bist ein Ungeheuer!
> (In der Ferne wird auf einer Trommel Feuerlärm geschlagen.)

Hedw. Feuer! Feuer!

Hans. Willst du schweigen!

Hedw. Wegen dir gewiß, du Weibermörder? nein! du sollst gestraft werden und in Schimpf und Schande kommen. Feuer! Feuer.

Hans. Gott genade jedem Manne, der auf sein Recht sieht. Wenn eine Weiberseele ins Spiel kömmt, muß er durchaus Unrecht haben, und wenn er das größte Recht in den Händen hat. — Sie kommen! ach! ich armer, unglücklicher, geplagter, prostituirter Mann! — Ach wenn ich nur nicht Schulze im Dorfe wäre! — Die Schande, die Prostitution! — Mein ganzes Ansehn, der Respekt, und alles ist verloren.
> (der Lärm kömmt näher.)

Sechster Auftritt.

Vorige. Soldaten (mit Gewehr) Bauern (mit Feuereimern, Leitern, Hacken und Handspritzen) Emrich.

Alle. (schrein aus Leibeskräften durcheinander) Feuer! Feuer! Feuer!

Emrich. Tausendelement! wo brennt's? wo ist Feuer?

Bauern.

Bauern. Feuer! Feuer!
Hans. (ängstlich) Es brennt —
Emrich. Nun ja doch! Wo denn?
Ein Bauer. So sag er doch, Herr Schulze, wo brennt es denn?
Hans. (verlegen) Es brennt in —
Emrich. In seinem Hauße?
Die Bauern? Wo? Wo? wo brennts?
Emrich. Tausendelement! so rede er doch!

Siebenter Auftritt.

Vorige. Mariane. (die Küchenschürze vor) Lina.

Mar. Um des Himmels Willen! Was giebts denn? wo brennts denn?
Lina. Wo denn, lieber Onkel?
Emrich. Ja! wenn ich's nur erst selbst wüßte; (zu Hans) Hör er! rede er! wo brennt's? oder ich —
Hans. Ach wo wird's brennen! bei meiner Frau.
Emrich. Und darüber machst du öffentlich Feuerlärm, du Elementer? das behalt für dich!
Hedwig. (am Fenster) Nur ruhig! es brennt nirgend's. Ich habe Feuer geschrien, Leute herbey zu rufen, weil mich mein Mann übel behandeln wollte. Ich wußte mir in der Angst nicht auf andere Art zu helfen.

Mar.

Mar. Hat der Weibermörder schon wieder Böses im Sinn gehabt?
Ein Bauer. Es ist also kein Feuer?
Hans. Nein!
Bauer. Kein wirkliches, ordentliches Feuer?
Hedw. Nein!
Bauer. Nun, das ist doch kuriös! — Wenn alle Weiber gleich Feuer schreien wollten, die mit ihren Männern unzufrieden sind, so müßte man den ganzen Tag die Spritzen und das Feuergeräthe in der Hand haben. — (zu den Bauern) Kommt, es ist kein Feuer!

(ab mit den Bauern.)

Mariane. Ich bin erschrocken, daß mir das Herz im Leibe zittert. Und die Angst hab' ich ihm zu danken, Herr Schwager. Schäme er sich! — Pfui! über so einen Mann! — An ihm ist auch kein gutes Haar! Er bringt noch die ganze Verwandschaft in Schimpf und Schande. Aber, nehme er sich in Acht! er kömmt mir mit einem solchen Späschen einmal zur ungelegenen Stunde, und wenn mir der Kopf nicht recht steht, so vergreife ich mich an ihm, daß er es nur weiß!

Arie.

Dumme Streiche fängt er an,
alter, eifersüchtger Mann! —

Ach! ich zittr' am ganzen Leib.
O! er ist ein Ungeheuer!
Warum schreit er: Feuer! Feuer!
und erschreckt mich armes Weib? —
Läßt er künftig das nicht bleiben,
will ich ihm den Spas vertreiben,
packt er sich nicht gleich nach Haus,
kratz' ich ihm die Augen aus.

(geht auf ihn los.)

Emrich. (tritt darzwischen) Pardon! keine Händel!

Mar. Er will ein Mann seyn der Verstand hat? nicht eine Unze.

Hedwig. Ach sehen Sie nur das Vorlegeschloß an der Thür.

Mar. Wie? was? in eine solche Prostitution will der alte Narre meine Schwägerin bringen? Ich müßte keine Nägel mehr haben, keine Hand mehr rühren können, wenn ich so etwas zugeben wollte. Gleich nehme er das Schloß von der Thür! — Sehen Sie nur einmal an, Hr. Rittmeister! ein Vorlegeschloß an die Thür legen! —

Emr. (zu Hans) Hör er, das taugt nichts! — Nehme er das Schloß ab.

Hans. Ach! wenn Sie nur wüßten, warum ich das gethan habe. Da ist der Lieutenant Felsenberg —

Emr.

Eine komische Operette.

Emr.
Lina. } Felsenberg?

Emr. Nun! der?

Hans. Der scharmirt mit meiner Frau.

Lina. Felsenberg? O! der Ungetreue!

Emr. Den soll das —! (an den Säbel schlagend.)

Hedwig. Glauben Sie meinem Manne ja nicht, der liegt an Einbildungen krank.

Mar. Sag', an Narrheiten. Er sollte sichs für eine Ehre schätzen, daß ein Kavalier —

Hans. Meiner Frau den Kopf verrückt? Gehorsamer Diener! die Ehre will ich gern entbehren.

Emr. Hör er, guter Freund, sag' er mir doch —

(zieht den Schulzen auf die Seite und spricht heimlich mit ihm.)

Achter Auftritt.

Vorige. Sander.

Sander. (giebt Lina einen Brief.) Hier ist die Antwort. Felsenberg will den Boten selbst sprechen. Er war ganz entzückt, als er den Brief las, und sprang außer sich im Zimmer auf und ab.

Lina.

Lina. Was werde ich lesen? — Wenn mich mein Herz, wenn mich Felsenberg täuschte? — Ach! nein, das ist nicht möglich!

(eilt ab, ihr folgt Mariane neugierig nach.)

Neunter Auftritt.

Hedwig (am Fenster.) Sander. Hans. Emrich.

Emrich. Nun, 's ist gut! verlasse er sich auf mich, ich will den ungebetenen Gast bald heim schicken.

Hans. Ach! thun sie das doch ja.

Emrich. Wenn ich mein Wort gebe, so gilts. — Jetzt nehme er das Schloß ab.

Hans. Erlauben Sie, das — kann ich unmöglich thun.

Emrich. Nimm das Schloß ab, sage ich.

Hans. Mein Weib könnte —

Emr. Mordelement! (er hebt den Stock) Nimm das Schloß von der Thür, oder —

Hans. (indem er das Schloß abnimmt) Ja! falle einer nur unter die Soldaten!

Emr. Gieb 's her!

Hans. Aber, wozu — —?

Emr. Wozu? (wirft das Schloß in den Brunnen) — — dazu! —

Hans. Es kostet 12 Groschen.

Emr.

Emr. Besser, als wenn es Einen Thaler kostete. Merk' dir das: Wenn deine Frau ausgehen will, und du legst ein Schloß vor die Thür, so steigt sie zum Fenster heraus.

Hans. Ja, da haben Sie Recht! das ist wahrhaftig möglich! darauf habe ich mich nicht besonnen.

Emr. Also! — Nun komm! wir wollen den Patron aufsuchen; und wo wir ihn finden, so sollst du sehen, was geschehen wird. Mordelement! ich verstehe den Säbel zu führen.

Arie.

Ha! wie brachte dieser Säbel
manchem Spahi Furcht und Tod!
eingehüllt in Pulvernebel
und von Türkenblute roth.
Fiel er ein, da flogen Ohren,
Nas' und Hände schnell hinweg.
Und die Türken und die Mohren,
nannten mich nur Scanderbeg. —
Wunder hab' ich einst gethan,
und es sieht mir's niemand an!

(ab mit Hans.)

Zehnter Auftritt.

Sander. Hedwig.

Sander. Es wird nicht sonderlich viel Blut fließen, denke ich. Das werden immer die rein-

reinlichsten Feldzüge, auf welche man sich am längsten zurüstet.

Hedwig. (kömmt aus dem Hause.) Ist er fort?

Sander. Wie du siehst.

Hedwig. Sag mir nur, was ich anfange? Unmöglich kann ich mich länger den Kaprisen dieses Mannes aussetzen, der mich so schlecht behandelt.

Sander. Nur Geduld! es wird sich ändern. Zeit bringt Rosen.

Eilfter Auftritt.

Vorige. Felsenberg.

Felsenb. Wo ist der Bote?

Sander. Der ist —

Felsenb. (wird Hedwig gewahr.) Ah sieh da! — immer noch so traurig?

Hedwig. Bin ich nicht unglücklich?

Felsenb. Wegen den Ehestandsfehden doch wohl nicht? die sind bald zu schlichten. Vielleicht bin ich selbst im Stande Ihnen etwas Angenehmes erzeigen zu können, und das sollte mir sehr lieb seyn. Hoffen Sie nur, es wird gewiß noch alles gut geben. Hoffnung ist ein schöner Stern, den man nie aus den Augen lassen muß.

Hedwig.

Hedwig. Hoffnung? ach! diese Trösterin, schmei=
chelt nur mit Träumen.

Septett.

Hedwig. Ach Hoffnung ist ein süßer Traum,
　er lindert unsre Plagen.
Ach aber er betrügt uns kaum
　in frühen Jugendtagen.
Sander. Sie fliehet einen Augenblick,
　doch kehrt die Schöne wieder,
　und bringt uns Freude, bringt uns Glück
　mit sich vom Himmel nieder.
Felsenb. Sie giebt die allerschönste Lust
　uns jeden Tag aufs neue,
　und weilt so gern in unsrer Brust
　mit allerliebster Treue.
Hedwig. O käm sie doch nur auch zu mir,
　wie glücklich wolt' ich seyn!
Ich kenne keine Hoffnung hier,
　und keine Freude, nein!
Alle. O kehre diesen Augenblick,
　o Hoffnung, kehre wieder,
　und bringe Freude, bringe Glück
　mit dir vom Himmel nieder.

Zwölfter Auftritt.

Vorige. Emrich. Hans.

Emrich.⎱ Wir suchten ihn, er war schon fort.
Hans.　⎰ Wo mag er seyn? er ist nicht dort.
Hans. Ha! da ist er! sehn Sie doch!
　er schwazt und lacht mit ihr.

E　　　　　　　Und

Und wie? mein Herr! (auf Emrichs Säbel zeigend)
Sie zaudern noch?
Nur frisch! er ist ja hier.
Emrich. Geduld, mein Freund! das geht nicht an,
er ist, wie ich, ein Edelmann.
Hans. Den Säbel h'raus und hau'n Sie zu,
so haben wir doch endlich Ruh.
Emrich. Mordelement! was sagst du mir?
Das thut kein braver Offizier.
Hans. Ein frischer Hieb! es ist geschehn!
er kann nicht mehr zu Weibern gehn.
Emr. So schweig! das wär ja nicht Manier,
das thut kein wackrer Kavalier.
(zu Felsenberg) Ei Felsenberg! das ist nicht schön!
wer wird zu fremden Weibern gehn?
Felsenb. Ach Landau! o willkommen!
Ach Landau! Ihre Hand her!
Willkommen, Freund, willkommen schön,
Wie freu' ich mich, Sie hier zu sehn!
(will ihn umarmen.)
Emr. Nur nicht so höflich gar zu sehr,
wir sind nicht gute Freunde mehr.
Sander. Macht nicht das Fräulein alles gut,
so fließt gewiß zuletzt noch Blut.
(geht in das Schloß.)

Dreyzehnter Auftritt.

Hedwig. Hans. Emrich. Felsenberg.

Emrich. Ich bin wie du ein Kavalier,
bist du ein braver Officier,

so zieh und schlage dich mit mir, (zieht den Säbel)
du kömmst nicht von der Stelle hier.
Felsenb. Ach liebster Freund! was soll das seyn?
o stecken sie den Säbel ein.
Emrich. Du mußt dich mit mir schlagen,
das will ich dir nur sagen.
Felsenb. Mein Freund, was hab ich denn gethan,
das Sie so sehr erzürnen kann?
Emrich. Mordelement! was hilft dir das?
Du glaubst wohl gar, es sey mein Spas.
Felsenb. (zieht den Degen) Nun, wenn ich nichts
erfahren kann,
so nehme ich den Zweykampf an.

Vierzehnter Auftritt.

Vorige. Lina. Mariane. Sander.
(springen eilig herzu.)

Lina. Herr Onkel! Hr. Onkel! ach halten sie ein.
Und Sie, mein Geliebter, o lassen Sie's seyn!
Mar. O Himmel! was ist das? was hör' ich für
Zank?
was giebt es für Händel? die Säbel sind blank!
Lina und Mar. O! weg mit dem Säbel! ach,
lassen Sie's seyn!
nur mit den Gewehren zur Scheide hinein.
Felsenb. Ach theureste Lina! so seh' ich Sie hier?
was will mir der Onkel? was will er von mir?
Emr. Hinweg da, ihr Weiber! was hilft das Ge-
schrey?
wir müssen uns schlagen; es bleibet dabey.

E 2 **Mar.**

Mar. und **Lina.** (zieht einen Brief aus der Tasche)
Nur stille! gelassen! gleich sollen Sie sehn,
es kann unter beiden kein Zweykampf geschehn.
Lina. Hier hab' ich ein Briefchen vor kurzen er-
halten;
(zu Emrich) Sie lassen die Hitze beym Lesen er-
kalten.
Da lesen Sie selber, was Felsenberg schrieb,
Sie werden es sehen, wie treu er mir blieb.
Emrich. Was soll mir der Brief da? ich kann ihn
nicht lesen!
Ich bin kein Gelehrter von jeher gewesen.
Lina. So will ich ihn lesen, und sagen Sie dann:
Mein Karl ist ein treuer, ein ehrlicher Mann.
(liest den Brief ohne zu singen.)

„Liebste Lina!

„Hat mein Betragen den Argwohn gegen
„meine Treue verdient, so will ich mich
„rechtfertigen; ich will bald mündlich Jh-
„nen sagen und will Jhnen beweisen, wie
„zärtlich ich Sie liebe. Jn 14 Tagen bin
„ich Kapitain und eile zu meiner Lina, und
„wenn Sie mich noch liebt, so bin ich
„glücklich, so vereinigen uns die schön-
„sten Banden der Ehe auf ewig."

(singt fort.)
Mein Onkel, mein Onkel! was denken Sie nun?
Was können Sie sagen? was werden Sie thun?
Emrich

Emrich. (nach einer Pause, stekt den Säbel ein.)
Komm her, lieber Junge! gieb mir einen Kuß,
verzeih mein Betragen, verzeih den Verdruß.
Nun sind wir versöhnet und feiern ein Fest,
da hast du das Mädel (schleudert ihm Lina zu)
und halte sie fest.

Alle. } O herrlich! o herrlich! wie ist es so schön,
   } sich einig und friedlich beisammen zu sehn!

Emrich. (zu Marianen) Frau Wirthin, laß kochen,
laß sieden, laß braten,
da wollen wir schmaußen als wahre Soldaten,
du giebst uns den besten, den ältesten Wein,
Herr Schulz und Frau Schulzin, wir laden sie
ein.
Da wollen wir schmaußen, da wollen wir trinken,
da wär es nicht Schande vom Stuhle zu sinken.

Hans. Ich danke für Trinken, Gesellschaft und
Schmauß,
es ist wohl viel beßer ich bleibe zu Haus.

Felsenberg. (zieht Emrich, Sandern, Lina und Marianen auf die Seite.)
Es quält ihn der Argwohn, ich will es probiren,
vom traurigen Uebel den Mann zu kuriren.
Ich will mich maskiren, ich ziehe mich an,
und hilft's nicht, so schadt's nicht! so lachen wir
dann.
(zu Sander) Sie müßen der Schwester das Späschen entdecken,
wir wollen den Schulzen ein wenig nur necken.
Und hören Sie — (zieht ihn auf die Seite und
spricht heimlich mit ihm fort.)

Lina.   } Was hat er im Sinn?
Mar.   } was wird er wohl machen? wo denkt er
Emrich. }   nur hin?

E 3   Felsen-

Felsenberg. (zu Sander) Und Hedwig,
soll es ihrem Mann nicht entdecken.
Sander. Wir werden ihn fangen den grämlichen
  Gecken. (spricht heimlich mit Hedwig.)
Felsenb. Herr Schulz, auf ein Wort! warum bleibt
  er zu Haus
und will nicht erscheinen beym heutigen Schmauß?
Hans. Ich danke für's Eßen, ich danke fürs Trinken;
wenn Männer betrunken vom Stuhl herabsinken
da möcht es wohl übel den Weibern ergehn,
doch bleibt man zu Hause, da kann's nicht ge-
  schehn.
Sander. Hast du mich verstanden?
  Hedw. O ja! das ist gut.
Ich will es schon machen.
  Sander. O! faße nur Mut!
Lina.
Emr.   ⎰ So wollen wir gehen, er geht ja nicht
Mar.   ⎱ mit,
Fels.   ⎰ so kommet zum Eßen, so kommet dann
Sand.   ⎱ mit.
Hedwig. ⎰ So laß sie nur gehen, wir gehen nicht mit.
Hans.   ⎱ Gesegnete Mahlzeit, und viel Appetit.
(Lina. Felsenb. Emr. Mar. Sand. ab ins
  Schloß.)

Funfzehnter Auftritt.
Hedwig. Hans.

Hedw. (vor sich) Fällt der Spaß so aus, wie
  ich es wünsche, so bin ich mit Felsenbergs
  Einfall sehr wohl zufrieden.
Hans. Du möchtest wohl gern mit bei dem Ge-
  lage seyn?

Hedw.

Hedw. Da du nicht dabey bist, — nein!

Hans. Das geht dir nicht vom Herzen.

Hedw. Du bist so mißtrauisch, daß du mich dauerst.

Hans. Wirklich? — Hm! wenn die Frau ihren Mann bedauert, so geschichts mehrentheils —

Hedw. Aus lauter Liebe. Und so geht's auch mir, liebes Hänschen.

Hans. Ich will dir den Spas machen, und will's einmal glauben.

Hedw. Da thust du wohl daran. Ein Mann, der immer glaubt, was ihm seine Frau sagt, der ist nie in Gefahr, seiner Ruhe zu nahe zu treten. Es ist wahrhaftig beßer, liebes Männchen, du traust mir auf's Wort.

Hans. So?

Hedw. Ich liebe dich herzlich, das glaub mir. (küßt ihn.)

Hans. Ja! ja! damit versiegelt ihr alle eure Beglaubigungsscheine. 'S ist aber wahrhaftig ein Siegel, das leicht zerfließt.

Hedw. Nichts weniger! Küße sind Banden für Zeit und Ewigkeit.

Hans. Für Ewigkeiten von 30 Minuten.

Hedw. Sey gut, lieber Mann.

Hans. Nun, ja doch!

Hedw. Gieb mir die Hand drauf.

Hans.

Hans. (giebt ihr die Hand) Da! und nun, laß
mich in Ruh.

Hedw. Liebster, bester Mann! diese Stunde
vergütet mir allen Kummer meines Ehestan-
des.

Hans. (seufzend.) Mir auch!

Hedw. Und nun sollst du sehen, welch ein
glückliches Leben wir führen wollen.

Hans. Ich freue mich schon darauf.

Hedw. (hüpfend und springend) Ich auch! ich
auch!

Arie.

Endlich fliehet alle Plage!
Ja, ich sehe frohe Tage;
Daß sich nie der Himmel trübe,
der uns Lieb' und Freude schaft!
Mein Betragen sollst du loben,
setze mich auf alle Proben!
Ja die Triebe
wahrer Liebe
sind des Lebens beste Kraft!

(ab.)

Hans. (schüttelt den Kopf) Ich traue ihr nicht.
Die geschwinden Sinnesänderungen sind mehrentheils nicht von langer Dauer. Hans!
sieh dich vor. Hinter den süßen Worten und
Zärtlichkeiten, stecken Schelmereien. Ich soll
angeführt werden, das merke ich wohl, aber
ich werde mich vorsehen. Sie ist zwar so listig,

ſtig, daß ſie keinem Advokaten etwas nachgiebt, aber — ich bin auch nicht auf den Kopf gefallen. Mich betrügt ſie ſo leicht nicht.

Sechzehnter Auftritt.

Hans. Felſenberg. (als Jude verkleidet, mit einem Querſack.)

Felſenb. (kömmt aus dem Schloße und ſpricht zurück.) Gleich bin ich wieder da! (will eilig fort und ſtößt an Hanßen.) Nix vor ungut, Herr Schulz! *).

Hans. Wer ſagt dir denn, daß ich der Schulze bin?

Felſenb. Jo! wer ſoll's denn ſonſt ſeyn? dos hob ich gläich ſo bei mir gedenkt. Er ſieht doch gar zu reſpecktabel aus.

Hans. (ſtreicht das Kinn) Je nun — das iſt wohl wahr —!

Felſenb. So ſieht er's doch ſelbſt ein. Was ſoll ich denn machen Komplimente, da die Wahrheit ach nichts koſtet? — Hat er nichts zu handeln? nichts zu ſchachern?

Hans. Ich laße mich nicht gern betrügen.

Felſenb. Gotteswunder! wer will ihn betrügen?

*) Dem Schauſpieler bleib' es ſelbſt überlaßen, die Worte nach Jüdiſcher Gewohnheit und Ausſprache zu formiren.

gen? Ich bin ein ehrlicher Jüd, und laße mirs sauer werden, zu verdienen auf eine honette Art, ein paar Groschen.

Hans. Eure Art ist bekannt.

Felsenb. Was will er damit sagen? er kennt mich noch nicht. Ich bin gelitten in großen Häußern.

Hans. Ich, wohne in einem kleinen Hauße.

Felsenb. Der Graf Eberhard will mich doch machen zu seinem Hofagent, als ich zahle das Dekret.

Hans. Das kann er thun. Ein Dekret von mir, kannst du unentgeltlich bekommen.

Felsenb. Jo! dos wird nicht weit her seyn. Denk er doch nicht, daß ich bin so'n gemäner Jüd. Ich bin ach Schulsänger in der Synagog. Als es aber giebt was zu Handeln, so nehme ich es ach mit.

Hans. Schulsänger, bist du?

Felsenb. Das bin ich!

Hans. Du magst mir ein schöner Sänger seyn!

Felsenb Ach! wos er do schmust. Ich bin ein Virtuos. Ich kann singen, so wohr ich lebe! wie'n Nachtigall. Do hob' ich mich doch schon produzirt in der Republick Paris, und in der Herrschaft Nürnberg. Ich bin gewesen in Amsterdam und Stuttgart, in schwäbisch Hall und in St. Petersburg. Ich habe
gefun-

gesungen, auf manchen berühmten Vauxhall, und habe erhalten viel Beifall von die Dames.

Hans. Singen möcht ich dich hören.

Felsenb. Dos kon gleich geschehen. So will doch singen, wie man singt in die Synagog.

Arie.

Dai da, da dai u. s. w.

Hans. Das ist ein allerliebster Gesang! du singst so rührend, wie eine Nachteule.

Felsenb. Gotteswunder! wos er do sogt!

Hans. Da ist unser Schulmeister ein ganz anderer Kerl! der hat eine Stimme wie eine Posaune, und wenn er sich angreift, so wackeln alle Bäncke und Stühle.

Felsenb. Ei! ei! dos wird epes rores seyn! — Nun aber, wie ist's? also gar nichts zu handeln? Ich zahle gleich baar. Oder will er epes kofen von mir? do hob ich allerhand. — Ae fäne Leinewand, so fän, wie á Postpapier — brabanter Spitzen von Friedberg — schöne Battist, englischen Manchester aus Frankfurth —

Hans. Ich kenne die Herrlichkeiten schon, die man von euch kauft; man wird betrogen, man mag's anfangen, wie man will.

Felsenb. Wos er do schwazt! — Seh er doch 'u mal! do hob ich epes, so was hat er,

so

so wahr ich 'n ehrlicher Jüd bin, noch nicht gesehen. Versinken will ich auf der Stelle, wenn's nit wohr ist.

Hans. 's wird was Rares seyn!

Felsenb. Je doch! (nimmt ein rothes ledernes Käppchen aus dem Quersack und setzt es auf die Hand) Schau's der Herr? Wos ist dos?

Hans. Nun! das ist ein ledernes Käppchen.

Felsenb. Aber wos vor 'n Käppchen! — dos ist wos sympathetisches. Dos hat gar 'ne wunderbare Kraft.

Hans. Kraft?

Felsenb. Jau! — Wenn es kost 'n Ehemann und bezahlt nur 2 Gülden, und wenn er es setzt auf'n Kopf, so darf er sich nicht bekümmern, daß ihm sein Frau wird ungetreu. Und so lange er's hat auf dem Kopf, kann sein Ische kein andern Mann ansehen. — Wenn's aber ein anderer setzt auf den Kopf, so wird sie ihm ach gut.

Hans. Denkst du mich zum Narren zu machen?

Felsenb. Gotteswunder! wo denkt der Herr Schulz hin? Denkt er, ich will ihn betörkeln, so darf er's ja nur probiren.

Hans. Nichts!

Felsenb. Das kost't ja nichts! — Ist's nit wohr,

wahr, was ich sage, so will ich's Käppel verloren haben.

Hans. (vor sich.) 's wär doch ein verfluchter Streich, wenn 's wahr wär!

Felsenb. No, versuch' er's 'n mal!

Hans. (vor sich) Je nun! probiren kann ichs ja wohl.

Felsenb. (vor sich) Er geht in die Falle! (zu Hans) Nu! was simulirt er? do ist's Käppel.

Hans. Nun, so laß sehen! (nimmt das Käppchen.)

Felsenb. So wahr ich lebe! 's ist ein Käppel, es ist werth 2 Dukaten unter Brüdern; á Fürst und König, braucht sich nicht drinn zu schämen.

Hans. (besieht das Käppchen und riecht dran) 's ist kurios! das Ding sieht so einfältig aus, und man sieht ihm die Kraft gar nicht an.

Felsenb. No! was beguckt er's? Denkt er, 's ist nit koscher? soll ich leben! 's hat das Käppel noch käne Seele auf'n Kopf gehabt.

Hans. (setzt das Käppchen auf) Wie steht mir's?

Felsenb. Scharmant! proper! — so wahr ich lebe, wie angegossen.

Hans.

Hans. Nun wollen wir gleich sehen, was das Ding kann (macht die Hausthür auf, ruft hinein) Hedwig! Hedwig!

Felsenb. (vor sich.) Nun kommt alles darauf an, daß Hedwig ihre Rolle gut spielt.

Siebzehnter Auftritt.

Vorige. Hedwig.

Hedwig. Was giebt's? — Ei! das schöne Käppchen! wo hast du denn das artige Ding her?

Hans. 'S ist zu verkaufen.

Hedwig. Kauf's! — Ich weiß gar nicht, wie du mir vorkömmst.

Hans. Nun? wie denn?

Hedw. (dreht ihn herum und besieht ihn hinten und vorn.) So — so — ich — bist du denn auch wirklich mein Mann?

Hans. Warum denn nicht?

Hedw. Du siehst so jung, so verliebt aus —

Hans. (schmunzelnd) Jung? verliebt? ich wirklich?

Hedw. Ganz allerliebst! (küßt ihn) — Hast du das Käppchen schon bezahlt?

Hans. Noch nicht, aber —.

Hedw.

Hedw. Ich will dir's von meinem Milchgelde kaufen.

Felsenberg. Das thu sie doch! 's ist ein schönes Käppel, so wahr ich lebe! — 2 Gülden, und sie hat's Käppel.

Hedw. (greift in die Tasche) das gebe ich drum.

Hans. So laß doch nur! ich muß ja erst wissen ob — ob das — Hans! verschnapp dich nicht! — Ob das Käppchen mir paßt.

Hedw. Scharmant, liebes Hänschen! (streichelt ihn) Behalt's! willst du?

Hans. (vor sich) Ich will aber doch erst sehen, ob mich der Kerl etwa betrügt. (zu Felsenb.) Hör du? setz du doch einmal das Käppchen auf.

Felsenb. Warum nit. (setzt's auf) Nun? was sagt er dazu?

Hedwig. (geht um den Juden herum) hm! hm! (zu Hans) Höre du! der Jude gefällt mir.

Hans. So? (vor sich) 's ist mein Seel richtig!

Hedw. (seufzend) 's ist schade, daß du ein Jude bist.

Felsenb. Was thut das? Kann ein Jüd' nicht ach einer schönen Frau gefallen? ich wös doch Exempel Herr Schulz! er hat doch en

aller-

allerliebstes Weibchen, so fän, so modest, so artig, so wohr mir Gott helfe! ein Fräuschen, wie 'n Tulpänchen.

Hedw. Wenn ich nur nicht verheurathet wär! (will ihn streicheln.)

Hans. (drängt sie weg, nimmt Felsenberg das Käppchen ab und setzt es eilend auf) Prosit die Mahlzeit!

Hedw. (ihn schmeichelnd) Liebes Hänschen, behalt das Käppchen, und schick den Juden fort. (wirft Felsenbergen einen Thaler zu) Da ist Geld und geh.

Felsenb. Danke recht schön! — 's ist doch ein mächtig Wunder! wie die Frau Schulzin so lieb hat ihren Mann.

Hans. He! he! he!

Hedw. Du bist doch mein allerliebstes Hänschen.

Achtzehnter Auftritt.

Vorige. Sander.

Sander. Hör du, Jakob! du sollst zum Herrn Lieutenant kommen.

Felsenb. Ich kümme gleich! (zu Hans.) Nun? wie ist's? bekomm' ich nit 'n kleines Doucerchen? —

chen? — Ist das Käppchen nicht noch einen
Gulden werth?

Hans. Da ist noch ein Gulden, (giebt ihm
Geld) und nun mach, daß du fort kömmst.
Hedwig! hol mir doch Zwirn, eine Nehna-
del, und zwey Bänder?

(Hedwig geht ins Haus.)

Felsenb. Nun zerreiß er's kesund. Es soll
ihm wohl bekümme, und Gott soll ihn lassen
kesund seyn, 1000 Jahr.

(Unter der Arie bringt Hedwig Bänder, Na-
del und Zwirn, und Hans macht die Bänder an das Käppchen.)

Arie.

Felsenb. Ich wünsch ihm, daß er's Käppel hier,
möcht' tausend Jahre tragen.
Er wird Herr Schulze, glaub' er's mir
zu allen Leuten sagen:
Der Jüd von dem ich's Käppel hob,
der ist ein braver Jüd,
was ich ihn für das Käppel gob,
das reut mich kä mol nit.
Dos Käppel geb' ich nimmer her,
ä solches Käppel giebts nie mehr;
und alle Käppel auf der Erd'
sän nit das rothe Käppel werth.
Und wenn er auch hätte:
Ä grünes Käppel,
ä blaues Käppel,

F

ä weißes,
ä schwarzes,
ä braunes,
ä gelbes,
ä samtnes,
ä seidnes,
ä wollnes,
ä leines,
ä tüchnes,
und hundert Käppel,
und tausend Käppel,
und Millionen Käppel;
so seyn doch alle Käppel auf Erd,
das rothe lederne Käppel nit werth.

(ab.)

Neunzehnter Auftritt.

Sander. Hans. Hedwig.

Sander. (zu Hans, der eben mit den Annä-
hen der Bänder fertig ist.) Ist das das
Käppchen von welchen der Jude so viel We-
sens machte?

Hans. Das ist es.

Sander. (nimmt und setzts auf.) Es paßt
gut!

Hedwig. (läuft auf ihn zu und küßt ihn.) Du
bist doch ein recht allerliebstes Brüderchen!

Hans.

Hans. Wie ich merke, respektiren die Sympathie und das Käppchen, nicht einmal die Blutsfreundschaft! — Weiß er was, Herr Schwager, — (nimmt ihn das Käppchen) ich will das Käppchen für mich behalten. (Küßt das Käppchen.) Du bist ein Schatz, ein Kleinod, das ich nicht mit allen meinen Aeckern und Kühen bezahlen kann. Von meinem Kopfe sollst du nicht wieder kommen, (setzt es auf und bindet die Bänder unter dem Kinne zusammen) wenn dich nicht der Tod herab reißt.

Sander. Was effektuirt, oder bewirkt denn das Käppchen so eigentlich?

Hans. (vor sich.) Dir werde ich's gleich sagen! —

Hedw. Nicht wahr das Käppchen vertreibt —

Hans. Die Kopfschmerzen.

Sander. Die Kopfschmerzen? so! so! drum! drum!

Hans. Und die Gespenster —

Sander. Aha! drum! drum!

Hans. Und die Nachtvögel —

Sander. Scharmant!

Hans. Und allerlei Geschmeiß.

Sander. Geschmeiß? hm! hm! so wollen wir's nach Paris schicken.

Hans. Wer in Paris ein solches Käppchen braucht, der mag sehen, wo er eins bekömmt.

Wenn

Wenn den Parisern ihr Kopfweh durch nichts anders, als durch mein Käppchen vertrieben werden kann, so werden sie es wohl behalten. Ich will an den Leuten nicht zum Doktor werden.

Sand. Also, probatum est? es hilft?

Hans. Es hilft!

Hedw. Ach! du allerliebstes Männchen! du hast dich wahrhaftig ganz verjüngt. An unsern Hochzeittage, sahst du nicht so jung aus, wie heute.

Hans. (vor sich.) Nun läuft sie mir nicht wieder davon! — dies Käppchen muß ich besser verwahren, als meine alten Thaler, denn wenn die Männer erfahren, wozu es gut ist, so stürmen sie mir das Haus, und so oft einen seine Frau davon laufen wollte, wollte er das Käppchen haben. Es ist besser, mancher läßt sie laufen. —

Sander. (Pantomime gegen Hedwig wegen Hanßen seinen Glauben.)

Hedwig. (beantwortende Pantomime.) Ja, mein Mann ist mir lieber, als alle andere Männer in der Welt! Unter allen ist doch nur ein Hans für mich.

Sander. Natürlich! (niest.)

Hans. Er niest's Herr Schwager. Helf Gott!

Sander.

Sander. Reciproce Herr Schwager! reciproce!

Hans. Höre Hedwig! nun gehst du wohl des Abends nicht mehr spazieren?

Hedw. Nur mit dir.

Hans. Und wirfst auch keinen Stein wieder in den Brunnen?

Hedw. Wenn du's nicht haben willst, nein.

Hans. Und schreist nicht wieder Feuer?

Hedw. Wenn du kein Vorlegeschloß wieder bringst, nein!

Hans. (vor sich) 's ist doch eine scharmante Sache um ein solches Käppchen! — Wenn's der Amtmann wüßte, ich glaube, er besuchte mich heute noch, und setzte es ein halb Stündchen auf, und der gnädige Herr, nähm's mit, wenn er mit der gnädigen Frau ins Bad reist. — Nun Hedwig, nun will ich mich beruhigen.

Hedwig. Ach! da thust du wohldaran. Glaub mir, ein Mann, den es gegeben ist sich zu beruhigen, der kann sich noch einmal so viel einbilden, als einer, der diese Kunst nicht versteht, das ist das große Kunstwerk, die Schöpferin glücklicher Ehen, die Glückseligkeit der Männer, und das Paradies der Weiber.

Zwanzigster Auftritt.

Vorige. Felsenberg, (in Uniform, führt) Lina. Emrich (führt) Marianen.

Emrich. So wahr ich ein ehrlicher Ungar bin! eine Motion vor Tische ist die größte Freundin des Appetits. — Nun, Herr Schulze? immer noch entschloßen, nicht mit uns zu speißen?

Mar. Ich dächte er gäbe seinen Kaprisen den Abschied.

Hans. Ach ich bin ja nur ein Schulze —

Emrich. Aber ein ehrlicher Mann. Und folglich, bist du mehr, als wenn du sonst wer weiß, was, wärst, ohne das zu seyn, was du bist. Setz deinen Stand nicht selbst herab, närrischer Kerl! wenn's keinen Landmann gäb, da säh's verflucht windig mit den Equipagen aus.

Hans. (zu Hedwig) Was meinst du?

Hedwig. (streichelt ihn) Ich dächte wir speißten mit.

Hans. J nun! ja! — aber nur unter einer einzigen Kondition.

Emrich. Du kapitulirst? laß hören.

Hans. Sag du's (sagts Hedwig heimlich.)

Hedwig. Mein Mann war sonst immer gar sehr mit Kopfschmerzen geplagt, aber jetzt,

seit=

seitdem er das Käppchen trägt, spührt er nichts mehr davon. Er möchte es also nicht gern ablegen, weil er besorgt, neue Kopfschmerzen zu bekommen.

Emrich. Dummer Teufel! so behalt's auf. Hilft's auch nichts, so schadt's doch nichts.

Alle. Ja wohl! Hilft's auch nichts, so schadt's doch nichts!

Schlußgesang.

Alle. { Ja hilft es nicht, so schadt es nicht! das ist, was jeder Kluge spricht.

Hans. Als mich die Eifersucht gequält hat mir das Käppchen nur gefehlt. Seht nur das grose Wunder an, das solch ein Käppchen wirken kann.

Alle. { Hat ihn die Eifersucht gequält, so hat das Käppchen ihm gefehlt. Drum seh er nur das Wunder an das solch ein Käppchen würken kann.

Mariane und Sander. { Herr Schwager lern' er ruhig seyn, die Eifersucht bringt Qual und Pein, das Käppchen aber füllt die Brust gar wunderbar mit Ruh und Lust.

Hans. Als mich die Eifersucht gequält ꝛc. ꝛc.

Alle. Als ihn die Eifersucht ꝛc. ꝛc.

Emrich.

Emrich. Was hat das Käppchen nicht gethan!
nun bist du ganz ein andrer Mann.
Du trinkst mit mir ein Gläschen Wein,
und wirst vergnügt und ruhig seyn.

Hans. Als mich die ꝛc. ꝛc.

Alle. Als ihn die ꝛc. ꝛc.

Lina und Felsenb. { Nun hat er endlich wieder Ruh,
von Herzen wünsch ich Glück dazu;
und wenn er nicht sein Weib betrübt,
wird er von ihr gewiß geliebt.

Hans. Als mich die ꝛc. ꝛc.

Alle. Als ihn die ꝛc. ꝛc.

Hedwig. Nun weiß ich doch was mich beglückt,
und was mein Männchen herrlich schmückt.
Ein solches Käppchen ist gar schön,
muß allen Männern trefflich stehn.

Hans. Als mich die ꝛc. ꝛc.

Alle Als ihn die ꝛc. ꝛc.
